Développer la confiance en soi

35 activités pour les 3-10 ans

MANGO

SOMMAIRE

4 Introduction
5 La fabrique des petits bonheurs
6 Savoir construire des images
7 À toi de faire tes choix !
8 Parler de ses joies
9 Le cocooning du corps
10 Écouter en silence !
11 Se sentir tout propre !
12 Connaître les lunes et les dragons
13 Le monde bouge beaucoup !
14 Dormir pour construire de belles journées
15 Fort comme un gorille
16 De petites cartes toutes douces !
17 Je suis un soleil
18 Offrir pour le plaisir
19 De la nuit vers le lever du jour
20 Qui est le plus beau ?
21 Raconte l'histoire du petit train

22 Miam-miam, les bonnes couleurs !
23 Savoir prendre soin de soi
24 La confiance au moment de s'endormir
25 La liste des succès !
26 Être bien et sans stress
27 Le peintre de l'espace
28 Savoir bien s'entourer
29 La boîte à défis
30 Où sont passés les objets ?
31 Les bons copains et copines !
32 Organise ta première fête des jeux du bien-être !
33 Le quiz du bien-être
34 Le champion de la course aux escargots !
35 Tu es le héros de nouvelles aventures !
36 Les pétales de fleurs s'envolent
37 Le concours de grimaces !
38 Le chat et le chien jouent ensemble !
39 Prendre sa place dans le monde

INTRODUCTION

La confiance, l'enfant va l'acquérir peu à peu à travers ses expériences de vie. Celle-ci se construira entre victoires et échecs, parce que vous l'aurez aidé à en comprendre les raisons et encouragé à persévérer. Votre enfant, fort de ce regard bienveillant (qui n'est pas dans le jugement mais dans la compassion), comprendra qu'il faut du temps pour grandir et développera plus de hardiesse et d'endurance ; il saura qu'il a le droit de faire des erreurs et qu'il a le droit de vous demander d'être patient et attentif.

Et puis il sait que vous aussi, ses parents, avez été des enfants, un jour… C'est parce que vous lui portez attention, que vous prenez du temps pour l'accompagner et le découvrir que vous développez aussi chez lui une bonne estime de soi. L'enfant doit prendre conscience de sa valeur et avoir une vision positive de lui-même. Ces fondations mises en place très tôt favoriseront grandement sa socialisation et son ouverture aux autres.

Les activités proposées dans ce livre sont basées sur ces principes : utiliser l'expérience directe et constructive, encourager les prises de décisions et les investissements de l'enfant, favoriser sa créativité et lui apprendre à bien prendre sa place dans son quotidien. Pour cela, sophrologie, musicothérapie, yoga, acupressure, art-thérapie, atelier d'écriture, création de contes… sont à choisir dans n'importe quel ordre, selon les ressentis et les envies. Vous êtes encouragés à refaire régulièrement ces activités et à les enrichir de votre propre expérience. Offrir ce livre à votre enfant et en partager avec lui les bienfaits constitue déjà un acte fédérateur et une belle preuve que vous l'aimez tel qu'il est, et comme il le mérite…

À vous de jouer !

Pour savoir dans quelles conditions faire chaque activité, référez-vous aux pictogrammes suivants.

L'activité se pratiquera de préférence à l'intérieur.

L'activité se pratiquera à l'extérieur.

L'activité peut se faire indifféremment à l'intérieur ou à l'extérieur.

L'enfant peut faire l'activité seul mais vous pouvez l'accompagner, surtout dans un premier temps.

Cette activité requiert la participation d'un parent, que ce soit pour des raisons de sécurité ou que l'activité soit conçue dans le cadre d'une relation parents-enfant.

Cette activité est à faire en famille quelque soit la taille de celle-ci !

Il faut être au moins deux pour cette activité, et on peut même être toute une bande (fratrie ou copains) !

La fabrique des petits bonheurs

« Crée un tableau des petits bonheurs ! »

Il te faut

Une feuille blanche, un stylo, une règle.

1. Fais-toi aider pour créer un tableau sur un mois où tu auras :
- à la verticale : le nom de chacun des enfants et parents,
- à l'horizontale : semaine 1, semaine 2, etc. sur tout le mois en cours.

2. Le but : chacun va programmer une activité de petit bonheur en sachant que cela fera plaisir à l'autre. Par exemple : Maman va programmer en semaine 1 de vous emmener au cinéma, en semaine 2 c'est toi qui vas programmer d'aider Papa à tondre le gazon, en semaine 3 Papa va aller à la piscine avec vous, etc. Le but est de chercher à innover à chaque fois et de choisir ce qui pourrait faire plaisir à l'autre sans penser à soi en premier. Ce sera une preuve d'amour qui vaudra bien, parfois, 100 « je t'aime » !

Variante

Faire des choix qui réunissent toute la famille : programmer une sortie au port tous ensemble, un spectacle, un jeu…

- Expression des émotions
- De 3 à 7 ans

Le bienfait de cette activité

Dire « je t'aime », utiliser le mot aimer peut être difficile pour certains enfants, alors que d'autres le formuleront avec beaucoup d'intensité, ou en feront un mot passe-partout et l'utiliseront facilement pour obtenir ce qu'ils veulent. Le vrai « je t'aime » qui construit est celui que les parents disent à leurs enfants. Mais aimer, qui signifie « porter de l'affection », ne se traduit pas seulement en mots, il y a aussi les actes. L'activité proposée ici est toute simple et va permettre à tous les membres de la famille de s'apporter de l'attention, du respect, pour aider à construire la confiance et l'estime de soi de chacun.

Savoir construire des images

« Réalise une œuvre que tu pourras mettre au mur de ta chambre ! »

Il te faut

Une feuille de papier calque, du papier à dessin, des crayons de couleur.

1. Choisis une belle image. Prends ton calque et, avec un crayon à papier, fais bien le contour de toute l'image, de tous les détails, n'oublie rien, tu vas réaliser une belle œuvre.

2. Retourne ton calque et plaque-le sur la feuille de dessin. Avec ton crayon, repasse bien sur tous les contours, tu vas voir, c'est magique : tu vas faire apparaître toute l'image sur la feuille de dessin !

3. Pour t'amuser, trace des traits sur ton dessin comme si tu réalisais les pièces d'un grand puzzle (dessine une bonne quinzaine de pièces).

4. Colorie chaque pièce différemment comme tu en as envie ! Lorsque tu as terminé, colle ton dessin sur un carton plat et fin aux dimensions de ta feuille et accroche-le chez toi. Voilà, tu as réalisé un tableau très moderne et super joli, bravo !

Variante

Prendre une grande photo de toute la famille et la mettre en couleur !

- Art-thérapie
- De 3 à 10 ans

Le bienfait de cette activité

Pour développer un savoir-faire qui enracine la confiance en soi, proposer des activités nouvelles est parfait. Cela évite de rester sur des blocages qui contrarient l'enfant et apporte un air frais et complice. Voici une idée utilisant une feuille de calque et des crayons de couleur. Laissez votre enfant choisir une belle image dans un livre ou sur internet (que vous imprimerez). L'avantage est que perspective, détails, objets ou personnages sont déjà dessinés. Aidez votre enfant si nécessaire pour utiliser le calque. Le fait de construire dans la matière valorise, l'œuvre est visible.

À toi de faire tes choix !

« Deviens encore plus grand
en décidant tout seul ! »

Il te faut

Une feuille de papier, un crayon.

1. Écris sur ta feuille ce que tu aimerais faire, ce que tu voudrais changer là où tu vis… Mais attention, tu vas t'engager à mettre en place ce changement par toi-même ! Tu peux, bien sûr, te faire aider par tes parents, mais c'est toi qui assumes les conséquences de ces changements !

2. Exemple : si tu décides de changer toute ta chambre, tu le fais jusqu'au bout, si tu décides de dormir près de la fenêtre, tu ne changes pas d'avis le lendemain ! Une décision = une conséquence.

3. Autre exemple : si tu veux mettre tous les jours les mêmes baskets, tu les entretiens pour qu'elles soient propres tous les jours, etc.

Variante

Créer un tableau des décisions familiales pour aider chacun à assumer ses choix.

- Créativité
- De 3 à 7 ans

Le bienfait de cette activité

Faire des choix et les assumer demande d'accepter de se responsabiliser. Très tôt l'enfant décide en fonction de ses intérêts afin de consolider ce qu'il comprend du monde et de son fonctionnement. Puis vient le moment où, pour acquérir de l'autonomie, il doit savoir choisir. De là naissent certaines anxiétés et il est primordial qu'il comprenne que c'est par l'expérience qu'il peut grandir et s'assumer. Voici une activité de responsabilisation qui se programme très simplement et qui l'oblige à aller au bout de ses idées.

Parler de ses joies

« Dessine tous les petits soleils
et les grandes montagnes qui embellissent ta vie ! »

→ Il te faut

Des feuilles blanches, des crayons de couleur.

1. Amuse-toi à colorier, sur une première feuille, des petits soleils en choisissant les couleurs que tu désires. Attention, ces soleils doivent représenter de vrais moments de bonheur que tu as vécus. En les dessinant, raconte en détail chacun d'eux et ce que tu as ressenti.

2. Dessine des montagnes sur une autre feuille. Chaque montagne symbolise un moment où tu t'es senti fier, soit de toi-même (un concours que tu as gagné, par exemple), soit d'un ami ou d'un parent. En dessinant, raconte ces moments et ce que tu as ressenti.

3. Affiche ensuite tes dessins dans ta chambre, ce sont tes soleils et tes montagnes personnels !

Variante

Choisir de découper des images de paysages dans des magazines et de les coller ensuite afin de pousser encore plus la personnalisation des émotions (avec bords de mer, forêts, etc.).

- Art-thérapie
- De 5 à 10 ans

Le bienfait de cette activité

Un enfant a besoin de parler des moments où il est ou a été heureux, tout comme des moments où il s'est senti fier de lui ou d'un de ses proches. Pour cela, le collage ou le coloriage sont simples et très accessibles. Ils aident aussi à libérer la parole, car tout le monde ne possède pas la faculté du langage quand il s'agit d'émotions ou de désirs à faire partager. Accompagnez l'enfant dans cette démarche, même en restant simplement à côté de lui ; parfois cette activité sera silencieuse, une autre fois elle amènera un échange plus complice…

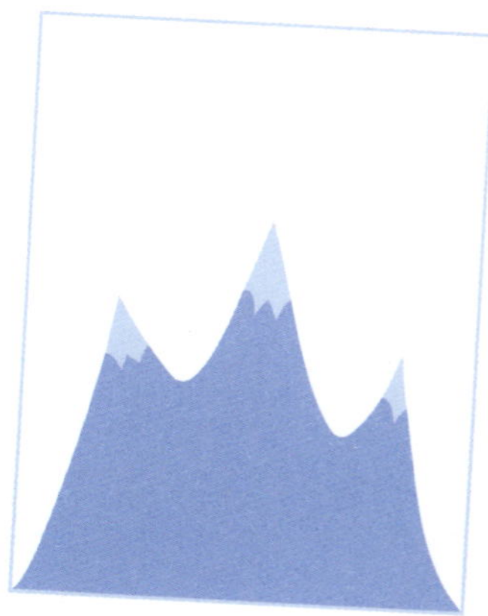

Le cocooning du corps

« Découvre comment tu peux te détendre très rapidement ! »

Il te faut

Un endroit calme.

1. Sur ton corps se trouvent des points précis que tu peux masser pour te détendre et te sentir en paix. Tu mérites bien cela et ton corps aussi ! Alors commence par appuyer et relâcher pendant une minute, avec le bout de ton pouce, le centre de chaque paume de main. Ensuite, toujours pendant une minute, tu appuies et relâches avec ton pouce ou ton index sur la partie charnue se trouvant en dessous du pouce. Essaie, tu vas te sentir plus doux !

2. Avec les extrémités des doigts de tes deux mains, masse ton ventre dans le sens des aiguilles d'une montre pendant une minute ; tu feras ainsi diminuer tes petites anxiétés et aideras ta digestion.

3. Masse tes deux tempes doucement en faisant des petits cercles avec le bout de tes index, tu te sentiras plus clair et sans mal de tête !

4. Amuse-toi à masser toute la surface de tes deux voûtes plantaires avec ton pouce en partant du centre vers le talon et l'avant des doigts de pieds, tu seras plein d'énergie !

Variante

Dans la famille, chacun masse l'autre tout en discutant tranquillement, complicité familiale garantie !

- Automassage
- De 3 à 10 ans

Le bienfait de cette activité

Prendre soin de son bien-être général est une nécessité que vous vous devez de transmettre à vos enfants. Un enfant bien dans son corps est bien dans sa tête et inversement. Ce respect de soi se développe ici avec l'automassage, activité tactile très agréable qui a de nombreux effets bénéfiques. Pratiquez avec votre enfant, montrez-lui les points réflexes décrits ci-contre et la technique pour les activer, et vous aurez rapidement un enfant qui appréciera de pouvoir agir sur ses propres humeurs. Se connaître soi-même devient alors passionnant !

Écouter en silence !

« Amuse-toi à découvrir combien, à toi tout seul, tu es un monde plein de vie ! »

→ Il te faut

Un endroit calme.

1. Assieds-toi tranquillement, le plus important est d'avoir le dos droit afin de respirer librement. Pose tes mains sur les genoux. Amuse-toi à faire le silence au moins une à trois minutes. Pour cela, concentre toute ton attention sur l'air qui entre et sort par ton nez, tout simplement. Dès qu'une pensée arrive, que tu pars en rêverie, ramène ton attention sur ton nez et sur l'air que tu inspires et que tu souffles, cela t'aidera à rester bien concentré.

2. À présent pose ton attention sur tout ce que vit ton corps. Commence par les sons, note dans ta tête ce que tu entends. Par exemple, le son du souffle, des gargouillis… Note dans ta tête : « son du souffle » ou « son du ventre » puis reviens à l'écoute, ne reste pas à développer ton attention sur chaque son, tu notes un son et tu repars en écoute ! Fais cet exercice pendant au moins deux minutes.

3. Essaie de ressentir comment ton corps vit cette activité. Peut-être vas-tu devoir « recaler » ton corps pour garder le dos droit, te gratter quelque part, te frotter les yeux… À chaque fois note-le dans ta tête et repars à l'écoute de ton corps et de tes ressentis. Au bout de quelques minutes, ne te sens-tu pas mieux, plus calme, plus en confiance ? Alors continue…

- Méditation
- De 3 à 10 ans

Le bienfait de cette activité

Méditer est une activité très simple pour faire comprendre à l'enfant combien le corps qu'il habite possède de possibilités personnelles pour avancer sereinement au quotidien. Plus l'enfant se sent bien dans son corps, plus sa confiance en lui se développe, il se sent alors maître de lui-même. Écouter son souffle, entendre les sons de ses propres mouvements, ressentir les réactions musculaires, tout cela concorde à faire d'un simple moment d'attention personnel les fondations d'une affirmation de soi. Partagez ces moments, et pour les 3 à 5 ans, commencez par leur apprendre à rester dans le silence et à écouter tout ce qui se passe.

Se sentir tout propre !

« Utilise le pouvoir de tes mains pour être encore plus fort ! »

Il te faut

Juste tes mains !

1. Pour te sentir plus fort, frotte tes deux paumes de mains l'une contre l'autre. À un moment, tu vas sentir de la chaleur s'en dégager.

2. C'est le moment de « nettoyer » ton visage sans le toucher : tu passes tes deux paumes à quelques centimètres de tes joues, de ton nez, de tes oreilles, de ton crâne, sans jamais les toucher. En faisant cela, pense très fort que tu renforces tout ton corps d'une puissante énergie et que rien ne pourra t'atteindre ! Si tu ne sens plus la chaleur de tes mains, frotte de nouveau tes paumes et fais naître une nouvelle chaleur que tu utilises aussi pour passer près de ta gorge, puis de ta nuque !

3. Tu feras ensuite tout ton buste, puis chaque jambe, c'est comme si tu t'enveloppais d'une très fine armure faite d'énergie pure : personne ne la voit, sauf toi, et elle te protégera tout au long de ta journée !

Variante

L'enfant construit une armure invisible pour un proche ou accepte que quelqu'un lui en construise une !

- **Qi qong**
- **De 3 à 10 ans**

Le bienfait de cette activité

Souvent un enfant peut très facilement devenir comme une « éponge » vis-à-vis des autres, dans le sens où il capte leur nervosité ou leur tristesse. Cette forme d'empathie présente l'inconvénient de rendre celui qui reçoit plus affaibli qu'à l'accoutumée, et de lui faire perdre sa confiance en soi, voire de se sentir en insécurité. Le qi qong propose « une toilette énergétique » efficace car elle fait appel au magnétisme direct de l'enfant. Ainsi, il renforce son énergie personnelle et se sent moins touché par l'énergie des autres. Pratiquez avec lui et, pour les 3 à 5 ans, présentez cela comme un jeu.

Connaître les lunes et les dragons

« Dessine des lunes bien sombres et des dragons en colère ! »

→ Il te faut

Des feuilles de papier, des crayons de couleur.

1. Imagine que, par ce dessin, tu puisses représenter d'abord sur une feuille les petites peurs que parfois tu ressens. Par exemple, sous forme de lune bien ronde tu peux représenter la peur d'un événement (peur du noir le soir avant de dormir, peur de certains élèves à l'école, etc.). Tu n'utiliseras que les couleurs sombres pour colorier ces lunes et, en même temps que tu dessineras, tu diras ce qui provoque ces peurs et tu en discuteras avec ton papa ou ta maman qui sera là, à côté de toi.

2. S'il y a des violences ou des colères que tu ressens autour de toi, représente-les par un dragon (même mal dessiné, ce n'est pas grave !), ou simplement du feu, ou un éclair… Utilise des couleurs vives comme le rouge, le orange, le jaune, et discute de ce que tu exprimes avec ton papa ou ta maman qui est à côté de toi.

3. Essaie maintenant de mettre en place un plan anti-peur en cherchant des solutions concrètes avec tes parents : échangez vos idées et applique-les ensuite au quotidien !

Variante

Le parent qui accompagne dessine lui aussi en proposant de traduire les peurs qu'il sent lui-même chez son enfant et dont ce dernier ne parle pas…

- Art-thérapie
- De 5 à 10 ans

Le bienfait de cette activité

Petites peurs ou angoisses sont naturelles tant l'enfant va se trouver parfois confronté à des réalités auxquelles on ne peut pas toujours le préparer. Les exprimer par le dessin va l'aider d'abord à se libérer du stress pour ensuite mieux comprendre, grâce à votre échange, comment mieux appréhender des événements qui peuvent se reproduire : des violences à l'école, les angoisses de rentrée scolaire, etc.

Le monde bouge beaucoup !

« Découpe dans des magazines des photos
et colle-les dans un cahier réservé à cela ! »

Il te faut

Des magazines d'actualité, des ciseaux, de la colle, un cahier.

1. Choisis des magazines traitant de sujets d'actualité et découpe des photos représentant des événements que tu trouves hyper violents ou que tu ne comprends pas (des bagarres, des catastrophes naturelles, etc.). Colle-les sur la page de gauche de ton cahier, puis parle de ces événements avec l'un de tes parents, exprime ce qui te chagrine, te choque, t'interpelle… Si tu préfères, dans un premier temps, colle simplement les images et parles-en plus tard, quand tu le sentiras…

2. Repère maintenant des images qui te font sourire, t'apportent du bonheur… Ce peut être la photo d'un héros amusant, ou d'un surfeur sur une grande vague… Colle ces images sur la page de droite et parle de ce qui te plaît dans ces événements de la vie, une vie qui propose toujours de belles choses chaque jour, malgré les difficultés !

Variante

Passer ensuite à des dessins libres sur le cahier pour faciliter l'apaisement des émotions.

- Découpage et collage
- De 5 à 10 ans

Le bienfait de cette activité

Un enfant renfermé qui a souvent des explosions de colère dès que l'on essaie de l'attirer vers le présent qui l'entoure peut cacher une vraie angoisse du monde dans lequel il vit. La télévision, les jeux vidéo et autres écrans ont évidemment une influence, l'enfant étant très captif de l'image, y compris de celles qui ne sont pas du tout adaptées à son âge. Le découpage collage à l'aide de magazines d'actualité va permettre de traduire tout cela et de rassurer, de redonner confiance en ce monde qui peut s'apprivoiser petit à petit. Vous pouvez réserver un cahier spécial pour cela. Il y aura dans cette activité une première phase d'expression des chocs émotionnels, puis une seconde d'expression des événements positifs. Faites cette activité avec votre enfant.

Dormir pour construire de belles journées

« Endors-toi en devenant le héros de la nuit qui arrive ! »

→ Il te faut

Ton lit et être confortablement allongé dedans !

1. Imagine que tu es un héros capable de voler, donc tu as de grandes ailes de toutes les couleurs. Tu portes un sac à ta droite, un autre à ta gauche ! Le sac de droite est fait pour porter tout ce qui te paraît agréable, celui de gauche contient ce qui te paraît désagréable.
Pour bien voler, il faut trouver l'équilibre entre les sacs, qu'il y ait autant à droite qu'à gauche.

2. Repense à ta journée. Y avait-il des choses qui se sont bien passées ? Lesquelles ? Alors dépose-les dans ton sac de droite. Y a-t-il eu des choses désagréables ? Dépose-les dans le sac gauche.

3. Maintenant, ferme les yeux. Afin de faire un bel équilibre qui te permette de bien t'envoler dans tes rêves, chauffe tes deux paumes de mains en les frottant l'une contre l'autre et masse doucement ton ventre et ta poitrine. Tout en te massant, pense que grâce à ton pouvoir de super héros, les deux sacs, quoi qu'il y ait dedans, deviennent très légers. Sens cette légèreté ! Comme tu es prêt à t'envoler, plus tu frottes longtemps, plus ton corps est léger, tu te sens bien, en paix, tranquille… Laisse cette douceur se répandre partout, souris à la nuit qui arrive et envole-toi dans tes rêves, deviens le super héros que tu sais être…

- Sophrologie
- De 3 à 10 ans

Le bienfait de cette activité

Le moment de l'endormissement peut être utilisé pour apporter une note positive à votre enfant. Pour cela, il faut lui apprendre à devenir un peu son propre conteur, idéalement dans une histoire qu'il résout chaque soir. Le fait de se laisser aller au sommeil en toute confiance prédispose à des lendemains abordés avec plus de sérénité, dans un état d'esprit positif. Au début, expliquez-lui comment faire. Pour un enfant en bas âge, simplifiez le processus et faites-lui déjà profiter du fait de s'endormir en se sentant détendu et serein !…

Fort comme un gorille

« Deviens en quelques instants un gorille respecté de tous ! »

Il te faut

Un endroit spacieux pour te déplacer en liberté et sécurité.

1. Imagine que tu es un gorille mâle à dos argenté. Tu es très puissant et, en quelques mouvements, tu peux impressionner n'importe qui ! Commence par cet entraînement du gorille : avance poings serrés contre ta poitrine en tapant d'un pied, puis de l'autre, en avant et en arrière pendant 1 minute.

2. Maintenant, recommence en tapotant avec tes poings sur le centre de ta poitrine et en rythme avec tes jambes.

3. Continue tous ces mouvements en rajoutant celui de pencher lentement la tête vers l'arrière et, en alternance, le menton vers la gorge.

4. Amuse-toi enfin à faire des sons, des grognements, à chanter, laisse ta voix s'exprimer, puis stoppe d'un coup tous tes mouvements et recommence encore ! À la fin, tu restes juste les bras le long du corps, tranquille, et tu respires calmement. Garde en toi la force du gorille, tu es maintenant plus puissant et plus doux !

Variante

Faire cet enchaînement de mouvements sur une musique rythmée !

- Mime
- De 3 à 10 ans

Le bienfait de cette activité

Par le corps, votre enfant peut développer sa confiance en lui. Il faut pour cela qu'il en comprenne bien le fonctionnement pour ensuite savoir le mobiliser quand il le désire. Voici une activité liée au mime pour que l'enfant apprenne étape après étape à se sentir à l'aise quand il a envie de s'exprimer. Pour faire face aux événements, c'est un plus indispensable.

De petites cartes toutes douces !

« Écris des cartes postales personnalisées à tes proches ! »

→ Il te faut

Des feuilles de papier, un stylo.

1. Imagine que tu doives envoyer des cartes postales à ta famille ou à tes copains/copines. L'idée est qu'il faudra le faire avec simplement trois mots maximum, qui résument tout ce que tu as envie de dire. Par exemple, si tu as envie se souhaiter un bon anniversaire à quelqu'un, tu peux résumer par : « joyeux anniversaire ». Si tu as envie de faire comprendre à un(e) ami(e) que tu l'apprécies beaucoup, tu peux écrire simplement : « affection ».

2. À présent, amuse-toi à choisir tes mots, qu'utiliserais-tu pour parler de : « je me sens bien, je voudrais te voir, j'ai un peu peur, j'ai plein de nouveaux cadeaux, j'éprouve de la tristesse, j'ai envie de vacances, je suis super heureux, que puis-je t'offrir, je pense à toi, je ne suis pas d'accord, que penses-tu de moi, je ne sais pas quoi faire, pourquoi je ne dors pas… »

Variante

Écrivez vous-même des sujets traitant de problématiques que vous repérez chez votre enfant afin qu'il puisse en parler en quelques mots.

- Atelier d'écriture
- De 5 à 10 ans

Le bienfait de cette activité

L'expression verbale n'est pas forcément simple quand il s'agit d'exprimer des émotions très personnelles. Un enfant ne connaît la vraie valeur de chaque mot qu'en en faisant l'expérience dans son quotidien. Pourtant, dire libère des émotions et favorise le mieux être et l'équilibre intérieur, cela devient donc une force pour communiquer avec le monde. Accompagnez votre enfant dans cette activité qui n'a de facile que l'apparence…

Je suis un soleil

« Deviens aussi rayonnant
et joyeux qu'un soleil ! »

Il te faut

Un endroit calme où tu peux t'asseoir confortablement.

1. Le dos droit, les mains sur tes genoux, apprends à rayonner comme un soleil. Pense d'abord au fait qu'après l'orage le soleil revient toujours pour te rendre plus fort ! Pour cela, ferme tes yeux et écoute le soleil qui est en toi. Le soleil commence avec ta respiration. Inspire et sors le ventre, souffle, laisse-le rentrer. Concentre-toi là-dessus pendant deux minutes : quand tu inspires, le ventre sort, quand tu expires il se dégonfle.

2. Garde les yeux fermés, frotte tes paumes de main et passe la chaleur qui s'en dégage sur tout ton visage. Frotte de nouveau tes paumes l'une contre l'autre et pose-les au centre de ta poitrine. Sens la chaleur et imagine qu'elle se diffuse dans tout ton corps. Pour cela, utilise ton souffle : tu inspires et tu sens de la chaleur dans tes mains, tu souffles et elle se répand dans tout le corps. Fais cela au moins pendant deux minutes.

3. Reste encore deux minutes en silence à sentir que tu es aussi beau et rayonnant qu'un soleil, et que grâce à toi, quelque soit le temps, le soleil revient toujours donner joie et puissance à tous ceux qu'il touche, toi y compris !

Variante

Demandez à votre enfant d'imaginer qu'il envoie des rayons qui réchauffent à un proche un peu triste.

- Méditation
- De 3 à 10 ans

Le bienfait de cette activité

Le harcèlement ou l'intimidation existent spécialement dans le monde des enfants, où chacun se cherche, se teste, éprouve sa force… Cette expérience peut affaiblir mentalement, rendre triste, faire perdre toute confiance. L'important est que votre bout de chou continue son chemin dans l'équilibre et la volonté de grandir, quoi qu'il se passe. Pratiquez cette méditation avec lui au départ, et poussez-le à en faire souvent l'expérience pour en renforcer les bénéfices à long terme. Simplifiez pour les 3 à 5 ans.

Offrir pour le plaisir

« Fais plaisir en offrant un peu de toi-même ! »

Il te faut

Des magazines, des ciseaux, de la colle, des feuilles blanches.

1. Choisis déjà le message que tu désires offrir.
Des images de joie ? Alors découpe des photos de fêtes, de gens en train de rire ou de danser joyeusement…
Si tu préfères parler de la nature, découpe des images de paysages : lacs, montagnes, forêts, champs de fleurs, plages et mer bleue…

2. Construis ensuite une histoire avec un début comme : « C'est l'histoire de… » et prends une photo pour commencer de raconter. Par exemple, tu choisis la photo d'une biche, tu la colles en haut de la page :
« Cette biche part dans la forêt… » Tu colles à côté une image de forêt. Ton aventure doit rester très simple :
« La biche rencontre un sanglier, tous deux se promènent et vont à la rivière, etc. » Finis avec une note joyeuse, par exemple : « Et le soleil leur sourit ! »

3. Signe toujours tes œuvres en bas à droite. Tu peux aussi ajouter quelques mots pour personnaliser encore plus ton message, puis tu offres ton cadeau !

Variante

Un message plus personnel où seront utilisées des photos de personnes auxquelles l'enfant veut communiquer quelque chose de particulier.

- Créativité
- De 3 à 10 ans

Le bienfait de cette activité

Le fait d'offrir un présent personnel pour simplement faire plaisir, sans rien attendre en retour, est une preuve que l'enfant sait partager sa confiance en lui-même. C'est un petit peu de lui qu'il donne, parfois beaucoup, et c'est aussi aller au-delà de la peur de ne pas plaire. L'altruisme prouve donc que celui qui le pratique affirme déjà une certaine maturité. Encouragez votre enfant à développer cette faculté en commençant par des messages simples, comme le collage « dirigé » qui recèle en soi beaucoup d'informations sur celui qui le délivre.

De la nuit vers le lever du jour

« Amuse-toi à faire passer de la nuit
au grand jour tout ce qui te fait un peu peur ! »

Il te faut

Des crayons de couleur, des feuilles blanches.

1. Mets une feuille blanche à l'horizontale, colorie le côté gauche uniquement avec des couleurs sombres : cette partie représente la nuit. Tu veux parler d'un copain qui t'embête, représente-le par un simple trait, si tu le désires. Puis essaie de comprendre pourquoi il agit ainsi, et quand tu distingues bien l'origine de ce conflit avec toi, redessine-le au centre de la feuille avec, cette fois, deux couleurs : une sombre et une claire. Choisis une manière de faire ou d'agir pour essayer de changer cette situation. Quand tu es en accord avec toi-même, dessine sur le côté droit ce copain en couleur claire : tu as trouvé comment résoudre le conflit.

2. Ce petit jeu dessiné te permet de réfléchir à une situation qui te pose problème, puis de trouver toi-même une solution. Tu pars de la gauche du dessin, représentant la nuit, les choses sombres et difficiles, tu passes par le centre, quand tu commences à réfléchir pour trouver une solution, et tu arrives vers la droite, la lumière, dès que tu as trouvé la solution. Tu peux agir ainsi chaque fois pour t'aider à clarifier des situations qui te gênent.

Variante

Utiliser des grandes feuilles et de la peinture, l'expression par le geste aidera à détendre davantage votre enfant.

- Art-thérapie
- De 3 à 10 ans

Le bienfait de cette activité

Les peurs qui déstabilisent sont parfois nécessaires pour aider à la construction du caractère de l'enfant. Mieux vaut éviter de vouloir l'empêcher à tout prix de faire l'expérience de ce qu'il a besoin de comprendre. Par contre, lui apprendre à construire mentalement la possibilité qu'il peut faire passer de peur à lumière ses propres peurs est un atout qui l'aidera à sortir facilement du doute, de l'inquiétude. Ainsi tout événement difficile trouve une issue viable. Accompagnez-le la première fois, ensuite laissez-le s'exprimer seul.

Qui est le plus beau ?

« Réalise ton premier album
photo personnel ! »

→ Il te faut

Un album photo vide, des fils de couleurs.

1. Avec Papa et Maman, choisis des photos de toi seul ou avec tes proches (famille, amis). Bien sûr, commence avec les photos de ta naissance et essaie de progresser année par année jusqu'à aujourd'hui !

2. Essaie de mettre en avant dans l'album les événements qui t'ont paru importants, et dis pourquoi. Définis aussi des ambiances, par exemple : un fil rouge pour « souvenir génial », un vert pour « moment très doux », un fil bleu pour « moment de tristesse »…

3. Projette-toi un peu dans le futur et imagine les photos que tu aimerais pouvoir ajouter un jour dans cet album. Parles-en avec tes parents.

Variante

Quelques lignes écrites à côté de chaque photo amplifieraient la réflexion de l'enfant.

- Créativité
- De 5 à 10 ans

Le bienfait de cette activité

Très rapidement votre enfant a besoin de sentir qu'il est unique ! Pas dans le sens du meilleur enfant, mais dans le sens où tous ses défauts et qualités en font un être attachant et particulier. Vous allez donc construire avec lui un livre photos de ses premières années de vie, en le laissant mettre en avant ses priorités, ses envies de privilégier certains moments plutôt que d'autres. C'est l'occasion de l'entourer d'attention et d'affection et de lui faire ressentir comme vous appréciez ce que vous partagez avec lui !

Raconte l'histoire du petit train

« Avec tes parents, raconte l'histoire du petit train en balade ! »

Il te faut

Un grand cahier, des ciseaux, de la colle, des magazines ou des journaux.

1. Commence par repérer des photos de trains. Choisis avec tes parents celui qui te paraît adapté pour emmener toute la famille en voyage. Découpe et colle la photo en première page de ton cahier et inscris les noms des voyageurs.

2. Maintenant, avec tes parents, choisissez la destination : montagne, mer, ville ? Collez l'image correspondant à votre choix, juste après celle du train, en indiquant le nom de la destination.

3. Qu'allez-vous faire dans cet endroit ? Trouvez une image symbolisant vos activités et collez-la à la suite.

4. Quel genre d'évènement aimeriez-vous vivre tous ensemble pendant ce voyage ? Une fête ? Rencontrer de nouveaux amis ? Faire du sport ? Chacun indique par une photo ce qu'il souhaite. L'important est d'arriver à décrire toutes ses envies et de prévoir aussi le voyage du retour !

Variante

Prévoir des voyages extraordinaires sur la lune, au centre de la terre, stimuler l'imaginaire de tous !

- Créativité, art-thérapie
- De 3 à 10 ans

Le bienfait de cette activité

Jouer avec son enfant lui apporte confiance. Ces moments de partage l'aident à se construire et c'est aussi grâce à ces moments de relâchement que d'autres informations sont échangées entre parents et enfants. Le fait de créer une histoire symbolique ensemble (le petit train représentera la famille) offrira à chacun la possibilité d'exprimer ce qu'il attend du voyage familial qui se construit jour après jour. C'est donc une activité en plusieurs étapes qui est proposée ici, où les parents vont aussi inscrire leurs souhaits. Pour les 3 à 5 ans, aidez pour trouver les motifs à découper et à coller.

Miam-miam, les bonnes couleurs !

« Gagne le concours du plus beau plat coloré ! »

Il te faut

Faire les courses avec tes parents !

1. Comme il est important de ne pas gâcher, consulte un livre parlant des fruits et légumes ou regarde sur internet. Tu découvriras des poivrons rouges, jaunes, verts, des aubergines qui peuvent être indigo, jaunes, blanches, etc. Ensuite, pense à la manière dont tu pourrais utiliser les couleurs pour réaliser un très beau plat. Tu peux, par exemple, réaliser une belle fleur en coupant une rondelle de tomate rouge pour faire le cœur de la fleur, utiliser le vert d'un brin de céleri pour créer la tige, créer des pétales avec des découpes de champignons blancs de Paris, etc.

2. Va découvrir en magasin avec tes parents quels sont les fruits et légumes de saison. Aujourd'hui, c'est toi qui proposes une composition, un autre jour ce sera ton frère ou ta sœur, ou tes parents !

3. À chaque fois, une note symbolique sera attribuée selon : la présentation soignée, le nombre de couleurs utilisées, et bien sûr le goût, car il faut que cela soit bon ! En fin de mois, celui qui a la meilleure note aura droit à une pâtisserie réalisée par les perdants !

Variante

Introduire des effets décoratifs, comme des pépites de chocolat, du caramel liquide, des bonbons…

- Créativité
- De 3 à 10 ans

Le bienfait de cette activité

Aller faire les courses avec vos enfants peut s'avérer un vrai calvaire, sauf si vous leur demandez de participer activement en préparant eux-mêmes des repas. Attention : il n'est pas question ici de choisir des plats tout faits, mais au contraire de montrer ses talents de cuisinier et de se mettre en valeur en inventant la plus belle composition de couleurs à mettre dans chaque assiette ! Les choix se porteront donc en priorité sur les fruits et les légumes de saison. Choisissez avec eux !

Savoir prendre soin de soi

« Deviens un parfait créateur de produits de beauté ! »

Il te faut

De l'huile d'amande douce, de l'argile blanche, du coton, 1 l d'eau distillée, 5 poignées de pétales de roses.

1. Réalise un soin de douceur pour ton visage : mets une cuillère à soupe d'argile blanche dans un bocal vide, couvre d'eau et mélange. Une fois que tu as obtenu une pâte lisse, pose-la sur tout ton visage en évitant le contour des yeux. Laisse-la sécher puis enlève-la à grande eau. Nettoie ensuite ton visage avec un coton imbibé de quelques gouttes d'huile d'amande douce, ton visage est tout propre !

2. Réalise une eau de rose pour nettoyer ta peau : fais bouillir un litre d'eau distillée et verse-la dans un saladier (avec l'aide d'un adulte pour ne pas te brûler). Récolte cinq bonnes poignées de pétales de roses et plonge-les dans l'eau chaude. Laisse infuser pendant trois jours. Ensuite, filtre ton eau et verse-la dans un flacon que tu mettras au réfrigérateur entre deux utilisations. Quelques gouttes par jour suffisent à nettoyer ta peau !

Variante

Réaliser des recettes de vernis à ongles végétal, de baumes naturels contre le froid de l'hiver, etc.

- Créativité
- De 3 à 10 ans

Le bienfait de cette activité

Apprendre à respecter son corps apporte à l'enfant une harmonie intérieure et une image valorisante de lui-même. Ce qui est intéressant et créatif, c'est de lui apprendre, en dehors des obligations d'hygiène de base, à confectionner lui-même ses produits de beauté. Ainsi, le respect se conjugue avec innovation et goûts personnels. Voici plusieurs recettes de produits de beauté simples à réaliser et que votre enfant aimera concocter avec vous. Ce sera pour lui à la fois ludique et instructif, et il sera fier de vous montrer ce qu'il réalise ! À vous de l'accompagner afin d'ajouter un cadre « formel » à ces réalisations. Adaptez pour les 3 à 5 ans.

La confiance au moment de s'endormir

« Écoute ce petit conte tout doux créé par Papa et Maman spécialement pour toi ! »

→ Il te faut

Être calme et bien écouter.

1. Le déroulement se fait toujours par cette trame : un héros part dans une quête (trouver la caverne des bonbons, sauver un animal blessé). Il rencontre des difficultés (adversaire peu amical genre ours de mauvaise humeur, aigle qui vient lui piquer la tête, aïe !), il doit franchir des obstacles (tempête, volcan en éruption) mais il peut compter sur des amis (un singe malin, un mage…). Il finit par triompher de tout, résout la quête, et de ce fait devient plus fort et aimé de tous !

2. Bien sûr, le héros, c'est votre enfant ! Profitez-en pour rajouter des petits mots doux, des gestes amicaux, des bisous sous forme d'événements dans le conte, par exemple : « Il reçut l'accolade d'un ours affectueux ! » Et n'oubliez pas que les adversaires peuvent être un chat paresseux, un chien qui ne range jamais rien, etc. Et là, sans rentrer dans la morale, vous pouvez aussi transmuter cela dans l'histoire : « Le chien, du coup, devint plus actif et se mit à ranger, ce qui força l'admiration de ses parents ! » Les messages passent s'ils ne sont non pas accusateurs mais amicaux et positifs !

Variante

L'enfant invente lui aussi des épreuves, des résolutions d'épreuves, participe activement !

- Création de conte
- De 3 à 10 ans

Le bienfait de cette activité

Dire à votre enfant combien il compte pour vous est inestimable. Celui-ci se construit tout au long de sa vie avec, entre autres, ces phrases entendues petit. Le moment toujours délicat de l'endormissement est un excellent moment de partage de confiance entre parent et enfant, et d'apaisement des anxiétés. Vous avez ci-contre un canevas à suivre où vous pourrez puiser des éléments pour raconter un conte original. Le but étant de toujours passer un temps constructif où votre enfant sent que vous aimez ces moments passés avec lui ; ce seront de belles preuves d'amour échangées.

La liste des succès !

« Parle de tes petites victoires au quotidien
et sois en fier ! »

→ Il te faut

Des feuilles de papier, un crayon.

1. Écris ou dessine tous les événements qui, pour toi, représentent de vrais succès. Par exemple, le fait de ne plus avoir peur de passer devant une maison avec un chien qui se montre agressif, ou le fait de poser ton linge sale dans la corbeille à linge sans que tes parents te le demandent, etc.

2. Fixe-toi des objectifs raisonnables : une fois par semaine, par exemple, tu demandes à tes parents comment les aider, ou tu décides que tu vas vaincre ta timidité pour aller parler à un futur copain. Fais un petit point régulier sur ce que tu as accompli ou pas et parles-en avec tes parents.

Variante

Proposer une liste des succès enfants parents ensemble !

- Créativité
- De 5 à 10 ans

Le bienfait de cette activité

Un petit succès peut être simplement d'arriver enfin à ranger sa chambre sans se poser de question ! Dans ce cas, c'est un succès pour l'esprit d'organisation (et la fin de la fainéantise !). Pour certains enfants, le succès sera d'oser demander l'heure à un adulte et de vaincre ainsi leur timidité. La vie est pleine de succès que souvent les parents n'interprètent pas ainsi, car pour eux l'éducation inclut le fait que ce que l'on apprend est nécessaire, point.

Vous allez offrir à votre enfant la possibilité de s'arrêter un moment sur ce qu'il considère, lui, comme des victoires personnelles en créant la liste de ses petits succès. L'enfant se sentira mis en valeur, et surtout écouté. Bien sûr, il n'y a rien à gagner en échange (bonbons, heures de TV). On ne parle pas de négociations !

Être bien et sans stress

« Fais comme le tigre, apprends à dominer ta force pour te sentir en pleine confiance ! »

Il te faut

Une tenue souple, de la place pour bouger.

1. Pour commencer ton entraînement de tigre, avance au super ralenti en donnant des coups de griffes le plus lentement possible dans l'air, comme si tu voulais griffer un oiseau qui passerait devant toi et sur tes côtés.

2. Coincé entre deux arbres, tu repousses chaque arbre de chaque côté avec tes paumes de mains en soufflant très lentement ; fais cela trois fois, pousse et souffle très lentement !

3. Positionne-toi face à un mur et mets-toi en appui sur un pied, avec la pointe de l'autre pied posée au sol. Inspire et souffle en poussant le mur devant toi lentement : trois fois, puis encore trois fois mais en changeant de pied.

4. Comme tu as bien mangé, tu vas bien digérer en faisant tourner tes paumes de mains sur ton ventre dans le sens des aiguilles d'une montre, pendant 2 minutes. Voilà, le tigre est prêt pour la chasse tranquille !

Variante

Faire progresser l'enfant en arrière au ralenti, puis par petits bonds en avant mais très lentement…

- Déstress
- De 3 à 10 ans

Le bienfait de cette activité

La fatigue nerveuse de l'enfant, issue souvent de sa mauvaise gestion de ses humeurs et émotions, fait qu'il se sent fragile et exposé. Donc soit il se renferme, soit au contraire il attaque, de peur d'être touché ! Les anxiétés et peurs ébranlent la confiance de l'enfant. Voici un petit chemin de bien-être pour l'aider à rester en harmonie. Pour les 3 à 5 ans, pratiquez avec eux en expliquant bien les mouvements.

Le peintre de l'espace

« Écris, dessine dans l'espace des lettres et des signes ! »

→ Il te faut

Un endroit calme, une feuille de papier, un crayon.

1. Tu vas peindre une toile imaginaire dans l'espace. Tends ton bras devant toi pouce levé et fixe-le pendant trente secondes sans bouger les yeux. Fais le même exercice avec ton pouce gauche.

2. Avec ton pouce droit, bras tendus, commence à dessiner le chiffre 8 lentement, plusieurs fois. Puis le huit horizontal (signe de l'infini !). Fais le même exercice avec l'autre pouce.

3. Dessine lentement, de la même façon, une très grande lettre X. Fais-en autant que tu as envie, avec l'autre pouce aussi, puis passe à la lettre W en commençant par la droite de la lettre, puis par la gauche de la lettre.

4. Toujours dans l'espace, fais plein de points de suspension (par trois points), puis des grands O dans un sens, puis dans l'autre.

5. Maintenant, dessine sur la feuille tout ce que tu viens de faire dans l'espace ! T'en rappelles-tu ?

Variante

Demander à l'enfant de dessiner dans l'espace un nuage, un soleil, des étoiles, des vagues, et de les reproduire ensuite sur une feuille.

- Créativité
- De 3 à 10 ans

Le bienfait de cette activité

Beaucoup d'enfants papillonnent, ont du mal à trouver leur centre et donc à rester bien présents à ce qui les entoure. Ce comportement les prédispose à ne pas s'investir de peur de mal faire. Le mouvement allié à l'écriture dans l'espace (faire et dessiner des lettres avec le pouce) vont les amener à plus de concentration tout en facilitant le fait de se poser mentalement, d'être encore plus attentifs à chacun de leurs mouvements. Avec cette activité, l'enfant reprend contact avec la réalité et se structure d'autant plus dans la confiance. Pour les 3 à 5 ans, montrez les gestes.

Savoir bien s'entourer

« Raconte ce dont tu as besoin pour te sentir en sécurité. »

→ Il te faut

Une grande feuille de papier, un crayon.

1. Dessine une bulle au centre de la feuille, à l'intérieur de laquelle tu écris le mot « confiance ». Ensuite, trace des traits qui partent de cette bulle et réfléchis quelques instants. Pour te sentir en confiance et particulièrement en sécurité, dis ce dont tu aurais besoin. À la maison, peut-être plus de lumière dans ta chambre, peut-être plus de câlins… À l'extérieur, peut-être un nouveau blouson pour te sentir plus branché, peut-être éviter tel ou tel quartier que tu n'apprécies pas…

2. Une fois que tu as bien ciblé tes besoins, écris-les. Puis, de ces mots, tu peux faire partir d'autres flèches ; par exemple, de la flèche « plus de lumière dans la chambre » qui part du mot « confiance », tu peux en tracer une autre avec écrit : « surtout le soir », etc. Fais cela pour chaque mot, ainsi tu vas trouver des tas de solutions très simples pour te faciliter la vie et te sentir en sécurité !

Variante

Utiliser ce type de carte en remplaçant le mot « confiance » par le thème du moment, par exemple : « jouer en famille », « les voyages », « la rivalité avec un frère ou une sœur »…

- Créativité
- De 5 à 10 ans

Le bienfait de cette activité

Se sentir en sécurité est primordial dans la croissance d'un enfant. Ce sont des tas de petits détails et des faits bien précis qui y contribuent ! Le mieux est de lui faire exprimer exactement ce dont il a besoin pour se sentir en confiance déjà là où il vit et ensuite à l'extérieur. Le mind mapping va l'aider avec efficacité. Aidez-le en écrivant avec lui ses ressentis.

La boîte à défis

« Réalise n'importe quel défi, les tiens
et ceux des autres ! »

• Créativité
• De 3 à 10 ans

→ Il te faut

Une boîte en carton (boîte de Kleenex® vide), du papier, deux stylos noirs, des ciseaux.

1. Découpe une vingtaine de petits papiers, suffisamment grands pour écrire dessus le nom d'une activité.

2. Donnes-en une dizaine à l'un de tes parents et garde les autres pour toi. Inscris dix petits défis très simples, par exemple : faire le tour de ta chambre les yeux fermés à cloche-pied, mimer à la perfection un sauteur à la perche, etc. Plie ensuite tes dix défis et pose-les dans la boîte à défis.

3. Ton parent va écrire aussi dix défis mais plus inhabituels, par exemple : faire le silence pendant trois minutes, fermer les yeux et avancer au super ralenti dans la pièce, etc. Puis il les place lui aussi dans la boîte à défis !

4. Mélangez bien les papiers dans la boîte. Chacun son tour tire deux défis, à vous de décider qui relève le mieux les défis demandés. Bien sûr, chacun apporte son aide à l'autre !

Variante

Proposer des défis à faire en extérieur, dans la nature.

Le bienfait de cette activité

Lancer des petits défis très simples et facilement réalisables aide votre enfant à construire une base de confiance indispensable à son cheminement. La singularité de cette activité est qu'il faut à la fois choisir des défis qui correspondent à sa personnalité (c'est lui qui les choisis) et en introduire des plus inhabituels mais néanmoins faciles (les vôtres) qui ne sont pas directement liés à ses goûts ou à son caractère. C'est ainsi qu'il progressera en découvrant d'autres facultés qu'il ne met pas encore en œuvre et appréciera de réussir ce qu'il entreprend. Adaptez bien sûr pour les plus jeunes de 3 à 5 ans.

Où sont passés les objets ?

« À toi de découvrir ce qui est caché dans le sac
et les objets qui ont été déplacés ! »

Il te faut

Plein d'objets de petite taille, un sac non transparent, plusieurs participants.

1. C'est un jeu très simple ! Première manche : un participant choisit et met de côté trois objets (non dangereux, non pointus, non coupants) sans les montrer, bien sûr. Puis il en prend un des trois qu'il cache sous un tissu. Il propose à l'un des participants de deviner de quel objet il s'agit juste en touchant le sac. Attention : celui qui doit deviner n'a que trois réponses possibles et cela en une minute maximum ! N'oublie pas de chronométrer ! Ensuite, un autre objet est proposé à un autre participant, etc., jusqu'à ce que tout le monde ait essayé de deviner.

2. Deuxième manche : un participant regarde bien tous les objets placés dans la pièce. Puis il sort une minute. L'autre joueur change de place certains objets, en fait disparaître d'autres. Le premier participant revient et doit alors à la fois citer les objets déplacés et ceux disparus.

Variante

Avoir le droit d'ajouter des objets d'autres pièces dans la pièce où se passe le jeu !

- Concentration, mémoire
- De 3 à 10 ans

Le bienfait de cette activité

Les repères visuels pour certains enfants sont garants de leur sentiment de sécurité. Or, les enfants très attirés par les jeux vidéo et la télévision ont tendance à ne pas s'intéresser à l'espace qui les entoure. Plongez-les dans des endroits inhabituels et il n'est pas rare qu'ils développent une forme d'anxiété ou en deviennent très excités nerveusement. Travailler la mémoire, et donc la concentration, remet l'esprit en présence de ce qui l'entoure, renforce les repères, sécurise. Adaptez cette activité aux 3 à 5 ans.

Les bons copains et copines !

« Représente par le dessin tes copains et tes copines, avec leur caractère ! »

→ Il te faut

Des grandes feuilles de dessin, des crayons de couleur.

1. Un personnage par feuille : tu dessines juste le contour du corps et tu penses à ce proche mais en fermant les yeux. Qu'apprécies-tu particulièrement chez lui (ou elle) ? À chaque fois que tu trouves une qualité, tu ouvres les yeux, et tu la représentes par une couleur sur le dessin. Par exemple, si c'est un ami qui a beaucoup de cœur, peut-être peux-tu choisir la couleur jaune et entourer son cœur ? Continue avec une couleur pour chaque qualité.

2. Maintenant, y a-t-il des choses que tu ne comprends pas chez lui (elle), des choses qui te dérangent ? Alors mets aussi une couleur ! Par exemple, si ce copain est parfois brutal, peut-être peux-tu choisir la couleur rouge pour entourer ses poings ? À toi de décider.

3. Dessine tes autres copains et copines sur le même principe. À la fin, quand tu regardes tous tes dessins, que penses-tu de ce que dégage chacun d'eux ?

4. Si, dans quelques semaines, tu dessines ces mêmes personnes et les compare à tes dessins précédents, tu seras surpris !

Variante

Dessiner sa famille, cela aide à prendre du recul en cas de conflit !

- Art-thérapie
- De 5 à 10 ans

Le bienfait de cette activité

Un enfant qui s'entoure des bonnes personnes au niveau copains et copines sera, bien sûr, plus à même de se construire dans la confiance. Les enfants sont influençables, surtout quand ils cherchent leur personnalité. Comme ils ne s'en rendent pas forcément compte, il peut être utile de leur faire poser un regard indirect sur une situation à l'aide d'une activité créative. Bien sûr, il ne s'agit pas de les aider à juger, mais de les inciter à prendre du recul pour regarder les choses autrement. En tant que parents, vous devez les accompagner d'une manière complice, mais sans jugement.

Organise ta première fête des jeux du bien-être !

« Apprends à t'investir personnellement dans le but d'apporter de la joie aux autres ! »

Il te faut

Un carnet de note, un stylo.

1. Une fois la date retenue (avec tes parents) pour organiser ta fête, développe ton programme sur une après-midi. Pense au temps de chaque activité et note-le sur ton carnet : 30 minutes pour recevoir les invités, des activités courtes de 10 minutes pour commencer, puis une ou deux plus longues (30 minutes), une pause pour permettre à chacun de déguster gâteaux et boissons, puis de nouveau un jeu qui rassemble tout le monde. Prévois aussi une pause dynamique avec de la musique pour danser ! Termine avec un dernier jeu apaisant de 20 minutes, pour que les parents retrouvent des enfants heureux et calmes…

2. Ajoute d'autres idées de jeux sur ton carnet : une course au super ralenti, une séance de massage des mains et des pieds, un parcours de mimes, un atelier où l'on prépare toutes sortes de cocktails originaux (oranges pressées + jus de cassis, jus de pomme + jus de carotte, etc.).

Variante

Chacun peut arriver déguisé en fruit ou en légume de saison !

- Créativité
- De 5 à 10 ans

Le bienfait de cette activité

Organiser, c'est prendre des initiatives et avoir des responsabilités, c'est assumer le fait de sentir ce qui sera adéquat selon les caractères des copains et copines, et c'est se mettre en avant ! Bonne épreuve pour tester la confiance en soi de votre enfant ! Bien sûr, aidez-le afin qu'il reste dans le domaine du « réalisable » et qu'il fasse simple.

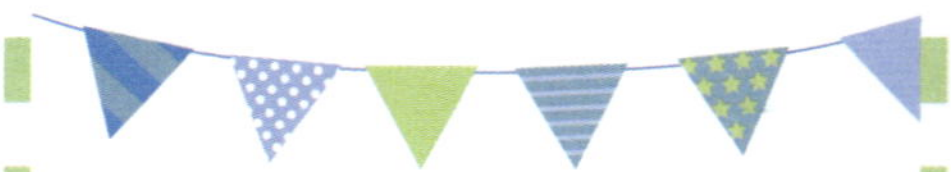

Le quiz du bien-être

« Tu écris ce que tu penses, tes parents font de même, et vous échangez ! »

Il te faut

Des feuilles blanches, des crayons ou des stylos.

1. Installe-toi avec tes parents et écoute leurs questions : qu'as-tu aimé faire aujourd'hui ? Qu'est-ce qui t'a amusé aujourd'hui ? Par quoi as-tu été surpris ? Qu'as-tu offert à un autre ce jour ? As-tu reçu une preuve d'amitié ce jour ? Qu'aurais-tu préféré faire ce jour ? As-tu trouvé quelqu'un de particulièrement gentil ? Qu'as-tu fait particulièrement pour toi ce jour ? As-tu eu des idées toutes neuves ce jour ? Quelque chose t'a-t-il rendu fier aujourd'hui ? As-tu pris soin de toi ? As-tu eu besoin d'être aidé ce jour ? Etc.

2. Chaque participant répond par écrit aux questions qu'il désire. À la fin, chacun lit ses réponses à l'autre et les explique calmement, avec douceur !

Variante

Parler en se déstressant, par exemple en malaxant de la pâte à modeler ou une boule de papier froissé !

- Atelier d'écriture
- De 5 à 10 ans

Le bienfait de cette activité

Écrire ou dire n'est pas toujours simple pour un enfant. Parfois par peur de ne pas être entendu, ou parce qu'il n'a pas envie de dire ou de révéler, tout simplement... Alors il est plus facile de construire un atelier d'écriture où vous serez participant et direz, vous aussi, des choses à l'enfant. Ce sera un peu comme si vous lui révéliez un secret, et cet échange fera naître une confiance réciproque dont vous bénéficierez tous les deux. Vous trouverez ci-contre, à titre d'exemple, une liste de questions types que vous êtes libre de modifier. C'est un échange, chacun peut écrire quelques mots ou préférer dire, ou même simplement dessiner !

Le champion de la course aux escargots !

« Sois le premier champion
de la course aux escargots ! »

- Motricité
- De 3 à 10 ans

→ Il te faut

Porter une tenue souple, de l'espace.

1. Avec un copain ou un parent, délimite un chemin pour faire une course de 50 mètres. Mais attention, il est interdit de courir, tout doit être fait au ralenti ! Les mouvements sont super décomposés, vous êtes des escargots !

2. Une fois arrivés au bout des 50 mètres, repartez en marche arrière sans regarder derrière ! Tout se fait en repérant les côtés ou en ayant une posture du corps impeccable afin de ne pas dévier d'un côté ou de l'autre. Le premier arrivé sans avoir eu à regarder derrière lui a gagné et organise la revanche !

Variante

Réaliser cela en incluant des escaliers (non dangereux !).

Le bienfait de cette activité

Agir avec précision amène la confiance. Cette petite activité de motricité nécessite une bonne coordination entre le cerveau, les muscles et les articulations et va obliger votre enfant à faire fonctionner sa tête d'une façon inhabituelle. Ses repères dans l'espace changent, son cerveau demande une attention différente et une concentration particulière. En allant vers l'avant, l'enfant regarde surtout vers le bas, alors qu'en allant vers l'arrière il regarde vers le haut et les côtés. Mine de rien, cela va demander à votre bout de chou beaucoup de « présence » dans son corps, d'investissement personnel et de confiance. Accompagnez-le dans cette course !

Tu es le héros de nouvelles aventures !

« Découvre comment créer des histoires fantastiques ! »

Il te faut
Un cahier, un stylo.

Voici une idée de base pour inventer un conte.

1. Imagine un gentil héros plein de force et de caractère, redouté de tous car très rusé. Comment est-il ? Petit, grand ? Imagine ses pouvoirs : peut-il voler, traverser les murs ?

2. Ensuite imagine un méchant : pourquoi est-il méchant ? Est-ce de naissance ? L'est-il devenu ? Quels sont ses pouvoirs ?

3. Construis ton aventure en utilisant ce fil conducteur : le gentil héros va réaliser une mission, le méchant essaie de l'en empêcher ; après plusieurs combats, le héros réussit sa mission. Par exemple : le héros recherche un livre que le méchant veut garder pour lui tout seul. Après plusieurs batailles, le héros finit par triompher, trouve le livre et les humains deviennent libres.

4. Maintenant que tu as ton histoire, raconte-la en jouant tous les personnages, lance-toi !

Variante

Faire jouer des personnages par les adultes !

- Créativité
- De 3 à 10 ans

Le bienfait de cette activité

Faire raconter une histoire à un enfant, c'est le pousser à développer son imaginaire et à structurer sa pensée, d'autant plus si c'est lui qui crée l'histoire ! Mettre en scène, aller vers les autres pour se faire comprendre, jouer un personnage est un sacré challenge de mise en confiance. Voici un petit canevas pour construire une histoire qui fonctionne. Votre enfant va l'utiliser pour parler de lui et de sa vision du monde. Aidez-le au départ, puis laissez-le exprimer sa créativité. Adaptez pour les 3 à 5 ans : il faut que l'histoire soit simple et facile à construire et à raconter.

Les pétales de fleurs s'envolent

« Dessine des pétales magiques que tu offriras à tes proches ! »

Il te faut

Des feuilles de dessin, des crayons de couleur.

1. Dessine des fleurs imaginaires, avec des pétales magiques ! Ces pétales peuvent être transparents, dorés, pleins de coccinelles, de formes ovales, carrées… Comme tu veux !

2. Décide que tu vas offrir ces pétales à quelqu'un que tu apprécies. Donc ferme les yeux, pense à la personne, et souffle sur ton dessin ! Automatiquement et d'une manière magique, ces pétales vont voyager et aller se poser délicatement sur le cœur de la personne, qui va se sentir tout de suite mieux. Continue de dessiner pour offrir d'autres fleurs à d'autres personnes. Pense d'ailleurs que quand tu offres, tu te sens toi aussi beaucoup mieux, plus en paix intérieurement. C'est un bon moyen d'être bien dans sa tête et dans son corps !

Variante

Choisir d'offrir le vent, les vagues douces, les rayons du soleil…

- Créativité
- De 3 à 10 ans

Le bienfait de cette activité

Exprimer sa douceur et sa tendresse peut aussi permettre de libérer l'idée et le besoin d'aimer ; et partager est nécessaire à l'épanouissement et au calme intérieur. Les enfants, qui sont impressionnés par le monde d'aujourd'hui, peuvent trouver dans cette activité le moyen de transmuter leur peur en amour. Réalisée régulièrement, elle adoucit beaucoup le caractère et aide à rester stable et en harmonie. Accompagnez les 3 à 5 ans.

Le concours de grimaces !

« Gagne le concours de la plus belle grimace, mais avant échauffe-toi ! »

→ Il te faut

Bien suivre les indications et être face à un miroir.

1. Voici ton échauffement : masse ton front avec les extrémités de tes pouces et index, en faisant des petits cercles. Continue en massant chaque tempe de la même façon, puis les joues.

2. Avec le bout de tes index, descends et monte de chaque côté de ton nez en appuyant légèrement et en relâchant. Fais la même chose en suivant le dessus de chaque sourcil.

3. Étire doucement les lobes de tes oreilles. Puis malaxe lentement entre ton pouce et ton index le contour de chaque oreille. Ça y est, tu es prêt !

4. À présent, mets-toi avec un concurrent face au miroir : vous exécutez en même temps les grimaces, une troisième personne donne une note à chacun. Voici les choix de grimaces : le clown joyeux, le clown triste, le petit cochon, le singe, l'ours en colère, le chat espiègle, le méchant, la sorcière, le sourire du cheval, la tristesse de l'âne…

Variante

Jouer avec les parents et inventer les grimaces de personnages du quotidien (professeur, voisin, commerçant).

- Automassage, déstress
- De 3 à 10 ans

Le bienfait de cette activité

Le stress se loge facilement dans les muscles du visage. Les contrariétés, les tensions, les pleurs, les énervements ou excitations déforment le visage et contribuent, parfois, à faire « disjoncter » votre enfant. Celui-ci peut alors se couper de tout et se sentir déstabilisé. Organisez régulièrement ce concours des plus belles grimaces en demandant auparavant de suivre un échauffement spécifique (décrit ci-contre) et vous aurez très simplement une manière originale et efficace de calmer et d'apaiser votre bout de chou !

Le chat et le chien jouent ensemble !

« Amuse-toi à imiter le chat et le chien qui se réveillent ! »

➔ Il te faut

Une tenue souple, de l'espace pour bouger.

1. Positionne-toi à quatre pattes. Fais comme le chat, descends ton fessier vers tes talons tout en laissant tes bras se tendre devant toi, paumes posées au sol. Tu t'étires et miaules doucement ! Fais cela au moins trois fois, en respirant comme ceci : quand tu t'étires tu souffles, quand tu reviens normalement tu inspires.

2. À présent, fais comme le chien : toujours à quatre pattes, tu inspires en creusant ton ventre (donc tu arrondis un peu ton dos) et tu souffles en le ramenant normalement. Fais cela sept fois. Ensuite tu amènes ton fessier vers l'arrière et tu déplies tes genoux pour tendre tes jambes. Attention, tu gardes tant que tu peux tes paumes au sol ! Puis tu te redresses complètement en tendant tes bras au-dessus de la tête.

3. Termine en t'asseyant au bord d'une chaise. Tu noues tes dix doigts entre eux, tu inspires en tendant tes bras devant toi, et tu les amènes ensuite au-dessus de ta tête en mettant tes paumes vers le plafond (doigts toujours noués) ; tu étires ta colonne vertébrale doucement plusieurs fois. Voilà, tu es fin prêt pour n'importe quelle activité !

- Yoga
- De 3 à 10 ans

Le bienfait de cette activité

L'axe bassin-colonne vertébrale est très important durant la croissance de l'enfant. Par ce qu'il expérimente au quotidien, votre enfant a naturellement tendance à compenser ses tensions en tortillant son corps, en s'asseyant sur une fesse plutôt que sur les deux, à courber le dos dès qu'il le peut en étant assis, à marcher en se balançant de droite à gauche et à torde sa colonne… Finalement, il s'énerve plus qu'autre chose à force d'imposer à ses articulations des faux mouvements, des troubles microsquelettiques… La bonne posture aide l'enfant à se sentir enraciné et en confiance.

Prendre sa place dans le monde

« Organise une première séance de dessins collectifs. »

Il te faut

Des feuilles de dessin et des crayons noirs et bleus pour chaque participant, un espace dédié type grande table.

1. Pour commencer, chacun va représenter sommairement avec un trait au stylo noir le visage de quelqu'un en colère, genre une bulle avec deux yeux aux sourcils froncés, une bouche déformée par la colère, etc. En dessinant, chaque participant doit penser à un cas précis qu'il a vécu et en parler.

2. Ensuite, avec le stylo bleu, chacun redessine le même personnage mais qui sourit cette fois ! Et chacun parle de cette personne heureuse !

3. Enfin, compare les situations qui ont déclenché la colère ou au contraire la joie du personnage, elles seront parfois identiques ! La pluie surprenant une personne en pleine rue peut faire sourire ou, à l'inverse, énerver ! Puis propose d'autres expressions avec, à chaque fois, son contraire : la tristesse et la joie, la fatigue et la tonicité, le silence et le bruit, etc. Peut-être pourras-tu observer au fur et à mesure qu'il existe des points communs entre certains participants, les uns s'amusent de tout, alors que d'autres ont tendance à tout voir en noir ! Fais observer s'il y a des origines communes entre certaines expressions des personnages, chacun verra que les émotions viennent souvent des mêmes sources…

- Art-thérapie
- De 5 à 10 ans

Le bienfait de cette activité

Un enfant qui organise pour et avec les autres est un enfant qui s'intègre dans le monde. L'estime de soi est alors renforcée et les échanges qui en découlent sont vraiment positifs et nourriciers. Le fait de prendre en compte le côté positif et négatif de personnes proches (comme les copains, la famille, les professeurs, les commerçants) oblige à inclure l'aspect de la réalité vécue au quotidien et à apaiser les émotions. Le dessin va alors libérer beaucoup d'appréhension ou d'incompréhension vis-à-vis de certains événements. Aidez votre enfant à construire ses premières séances d'art-thérapie !

Dans la même collection

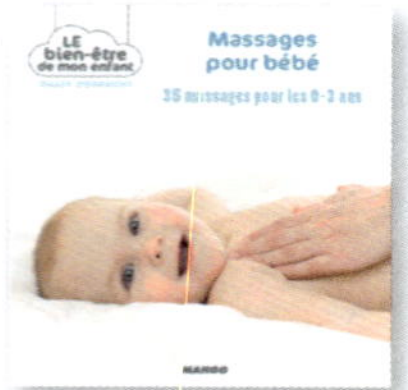

Direction éditoriale : Guillaume Pô
Suivi éditorial : Julie Cot
Responsable éditoriale : Tatiana Delesalle
Direction de création : Laurent Quellet
Création graphique et direction artistique : Julie Pauwels
Illustrations : Atelier Août à Paris
Lecture-correction : Delphine Kopff-Hausser
Mise en pages : Éditédito
Fabrication : Thierry Dubus et Florence Bellot
Couverture : iStock © Jaroon

15/27, rue Moussorgski
75895 Paris Cedex 18
Dépôt légal : avril 2015
ISBN : 978-2-317-01699-8
MDS : 76475
Imprimé en Espagne par Macrolibros en mars 2015
N° d'édition : A15049